Liderazgo

Mejora Tu Lenguaje Corporal Para Influenciar A
Otros A Través De Comunicación Poderosa

(Mejore Sus Habilidades De Comunicación Y
Gestione Eficazmente El Equipo)

Dion Parra

I0090015

Publicado Por Daniel Heath

© **Dion Parra**

Todos los derechos reservados

ISBN 978-1-989808-29-0

TABLA DE CONTENIDO

Parte 1

Introducción

Quiero agradecerte y felicitarte por descargar este libro.

Este libro contiene pasos y estrategias comprobados sobre cómo convertirte en un mejor líder de lo que eres ahora, y al mismo tiempo, volverte una mejor persona en general.

En este libro, aprenderás acerca de las 10 habilidades principales que necesitas perfeccionar si deseas convertirte en un gran líder, tanto en tu área de trabajo como en tu vida personal. No te subestimes a ti mismo, tienes el potencial de volverte la clase de líder con quien las personas tendrán el honor de trabajar. Tú puedes ser el tipo de persona que inspire a otros a dar su mejor esfuerzo, y en el proceso, también puedes hacer que ellos mismos deseen ser mejores.

Al final de este libro, aprenderás acerca de las habilidades en las que debes trabajar (así es, ya tienes las herramientas dentro de ti) y cómo puedes usarlas para tu beneficio.

Gracias de nuevo por descargar este libro, ¡espero que lo disfrutes!

Capítulo 1 – Aprende a Comunicarte Apropiadamente

¿Alguna vez has tenido que lidiar con un supervisor que siempre parece darte problemas, aunque no tienes idea de lo que está pensado? Un verdadero líder no es alguien que siempre les dice a sus subordinados que paren de perder el tiempo y se esfuercen, pero queen realidad no comunica lo que quiere que suceda. Si deseas ser un verdadero líder, entiende que las demás personas no pueden leer tu mente, tú debes hablarles de tus pensamientos, y cómo crees que deberían manejar ciertas tareas; en otras palabras, necesitas comunicarte mejor.

Los verdaderos líderes tienen un cierto nivel de dominio sobre todas las formas de comunicación. Están bien versados en conversaciones individuales, reuniones de departamentos, acuerdos en equipo, y también en formato escrito (mensajes de texto, email, y publicaciones de redes sociales). Sin embargo, la mayoría de las personas confunden ser un buen comunicador con tener un vasto vocabulario. Sí, puedes ser elocuente, pero eso no necesariamente significa que otras personas "entiendan" lo que estás diciendo.

Si no eres muy bueno es cuanto a compartir tus pensamientos, estos consejos te ayudarán a mejorar tus habilidades de comunicación:

Sé un buen oyente –La comunicación es un camino en dos direcciones, no es solo una oportunidad para hablar, también necesitas tener en consideración los pensamientos de la otra persona. Cuando la otra persona esté hablando, escucha atentamente e intenta absorber tanta información como puedas. Una bonificación adicional de ser un buen oyente es que la mayoría de las personas muy probablemente deseen corresponder el acto cuando sea tu turno de hablar.

Espera a que sea tu turno de hablar – Nunca, jamás interrumpas a otra persona cuando esté hablando. Eso solo te hará parecer agresivo. Para asegurarte de que tu voz sea escuchada, debes esperar a que haya un lapso en la conversación antes de empezar a hablar. Incluso cuando hables con un grupo, como en una reunión, deberías esperar una pausa antes de intervenir. Cuando te acostumbres a esperar por la oportunidad para hablar, también podrás asegurarte de tener la atención de todo el grupo.

Mantén tus respuestas cortas, pero concisas — si tardas mucho tiempo en llegar al punto de tu argumento, hará parecer que te encanta el sonido de tu propia voz. Al responder preguntas en un grupo, necesitas mantener tus respuestas cortas y simples. Esto les mostrará a las demás personas que valoras su tiempo. Respuestas cortas y concisas pueden transmitir tu mensaje más efectivamente; las respuestas largas aburrirán y frustrarán a tus oyentes.

No seas la persona que siempre tiene que comentar acerca de todo — si deseas que las demás personas te respeten, no solo hagas comentarios por el simple hecho de hacerlos. Es mucho más fácil ignorar a las personas que realizan comentarios espontáneos, pero si una persona que normalmente no habla, de repente alza su voz, y tiene algo profundo que decir, logrará captar la atención del grupo.

Valida, y luego comparte tus propios pensamientos – escuchar a alguien hablar no es suficiente. Si deseas ser un buen líder, necesitas demostrarle a tu equipo que en verdad entendiste su propuesta y en verdad los valoras. Para lograr eso, debes repetir la idea de la persona a fin de validarla y luego agregar tu propia perspectiva a la discusión. Los demás estarán más abiertos a tus propias ideas cuando saben que también brindas honor a sus pensamientos.

Volverte un buen comunicador será el primer paso para volverte un buen líder. Ahora que ya tienes tu pie en la puerta, debes aprender acerca de las demás habilidades que necesitas para volverte el tipo de líder que siempre has querido ser.

Capítulo 2 – Aprende Cómo Motivar a Otros

Si tu equipo trabaja duro porque temen que te enojarás si no lo hacen, entonces no eres un buen líder. Un buen líder motiva a otras personas a trabajar duro porque temen más que tú te decepciones de ellos, de forma similar a como los niños intentan probarse a sí mismos ante sus padres. Motiva a tu equipo a convertirse en alguien que tanto tú como ellos puedan estar orgullosos de ser.

Los empleados motivados son más productivos, lo cual hará que sea más fácil que alcances tus metas más rápidamente y con resultados más consistentes. Si eres un buen líder y puedes motivar a las personas que trabajan bajo tu supervisión, te volverás un miembro valioso de la organización, lo cual también te motivará a ti a desempeñarte mejor, es un largo ciclo de creciente positividad.

A fin de ayudarte a iniciar, estos son algunos consejos que podrán convertirte en un líder carismático y motivacional:

Págales a los miembros de tu equipo por lo que valen – no es justo que asumas que tu equipo permanecerá en tu empresa solo porque les agradas como persona, aún debes pagarles lo que les corresponde. Las estadísticas muestran que las personas abandonarían sus actuales posiciones si se les ofreciera incluso un 5% de aumento en sus salarios actuales, así que no te arriesgues a perder a valiosos miembros de equipo solo porque no les pagas lo suficiente.

Ofrece oportunidades para el desarrollo – nadie desea estar estancado en un trabajo sin futuro, por lo cual debes decirle a tu equipo que existe una posibilidad definitiva de que aumenten de rango en la jerarquía de la compañía con el tiempo. Sin embargo, no deberías solo arrojar promesas vacías, debes cumplir con tu palabra y en verdad ayudar a los miembros de tu equipo a alcanzar el éxito en sus carreras. Por ejemplo, puedes ofrecer entrenamientos de habilidades adicionales que aumenten su valor como empleados, y convertirlos en personas que puedan depender de sí mismos, incluso cuando abandonen su posición actual.

Pídeles una propuesta, y en verdad impleméntala si es buena – una de las principales razones por las cuales la mayoría de los empleados no se sienten motivados para hacer sus trabajos es porque sienten que solo son una parte insignificante de la organización, y es tu trabajo como líder de equipo eliminar esa noción de sus mentes. Necesitas animar a tu equipo a participar en discusiones, pregúntales acerca de sus ideas sobre cómo la compañía podría desempeñarse mejor. Si tu equipo en verdad te ofrece grandes ideas, implementa sus soluciones, y luego recompénsalos por todo su arduo trabajo. Esto los motivará más a trabajar duro y a buscar más maneras en las cuales ayudar a la compañía a crecer.

No castigues el fracaso —nada bueno se obtiene jamás del uso del refuerzo negativo. Si castigas o humillas a tu equipo porque algo no les salió bien, estarás promoviendo la animosidad entre tú y ellos. En lugar de tratar a los errores honestos como fracasos, míralos como oportunidades de aprendizaje. En vez de regañarlos, muéstrales cómo lidias tú con el asunto y corrige el error, o al menos impide que se vuelva peor. Cuando alguno de los miembros de tu equipo cometa un error, muéstrales cómo realizar la tarea apropiadamente, y luego pídeles que lo vuelvan a intentar.

Establece objetivos claros – una de las cosas más frustrantes de ser un empleado es no saber siquiera por qué debes trabajar tan duro. Si solo das una tarea a un miembro del equipo sin decirle para qué se usará, lo harás sentir que no está cumpliendo un rol significativo en la compañía. Al destinar tareas a tu equipo, cuéntales cómo su contribución ayudará a obtener un objetivo mayor. Realizar este simple acto le dará al equipo un sentido de propósito, y también un sentido de responsabilidad, lo que los hará querer trabajar más duro porque saben que sus roles son importantes.

Motivar e inspirar a los miembros del equipo es una de las tareas más importantes de un buen líder. Tu rol como líder no es solo hacer que tu equipo trabaje duro, necesitas hacerlos "querer" realizar sus trabajos de un modo mejor, ellos necesitan estar motivados a fin de trabajar para ti, no solo porque desean que se les pague, sino porque también desean que tú reconozcas sus logros.

Capítulo 3 – Aprende Cuándo y Cómo Delegar Tareas

Muchas personas creen erróneamente que los grandes líderes se encargan de la mayoría de las tareas de un equipo, lo cual en realidad no es el caso. En principio, encargarse de demasiados trabajos solo logrará hacer que el líder sea menos productivo y hasta podría tener que esforzarse demasiado para conseguir terminar algo. Otro problema con este arreglo es que hace parecer que el líder en realidad no confía en el equipo para realizar las respectivas tareas, lo cual producirá todo tipo de emociones negativas.

Un buen líder sabe cómo identificar las fortalezas de cada uno de los miembros del equipo, y les asigna tareas que se correspondan con sus habilidades. Al delegar tareas al equipo, serás libre de enfocarte en las que en verdad requieren la mayor parte de tu atención.

Si tienes problemas al delegar tareas, o no tienes ni idea de cómo hacerlo, considera los siguientes consejos:

No esperes perfección – No solo es imposible apuntar a resultados perfectos, también minará cualquier tipo de motivación que el equipo tenga. Recuerda que tu objetivo al delegar es alcanzar tus metas eficientemente, tu objetivo no es crear una obra maestra. Necesitas establecer un estándar razonable de calidad y una cantidad decente de tiempo para que tu equipo finalice sus tareas. Cuéntale de tus expectativas a tu equipo, y luego permite que decidan cómo harán sus trabajos.

Bríndale amplias instrucciones a tu equipo – Al delegar tareas, también debes asegurarte de brindarles a los miembros de tu equipo toda la información que necesitan para realizarlas apropiadamente; no des instrucciones vagas y asumas que ellos ya saben a lo que te refieres. Antes de dejarlos hacer sus trabajos, confirma que ellos entienden lo que tú deseas que hagan, y que ellos entienden y aceptan tus condiciones.

Revisa su progreso de vez en cuando –No

hay nada malo en acercase al equipo y solicitar una puesta al día sobre sus tareas, pero debes hacerlo esporádicamente, no estés mirando sobre sus hombros todo el tiempo. La razón por la cual delegas es para poder enfocarte en otras tareas. Así que evita importunarlos mientras trabajan.

Confía en tu equipo – Una vez que delegas tareas a tu equipo, confía en que podrán realizarlas en sus propios términos. Dale a tu equipo la libertad de abordar sus tareas de la manera que crean mejor. Sin embargo, deberías revisar su progreso de vez en cuando, a fin de aconsejar y ayudar cuando tu equipo esté teniendo problemas.

Aprende a dejar ir –Deberías dejar de creer que eres la única persona que puede hacer bien el trabajo. Solo porque los miembros de tu equipo hagan las cosas de manera diferente no significa que no puedan hacer el trabajo bien. Una vez que les cuentas tus expectativas y los estándares que tu equipo debería seguir a fin de alcanzar tus objetivos, los métodos utilizados no deberían ser un problema.

Podría sorprenderte que tu equipo en realidad sepa cómo abordar la tarea de un modo mucho más eficiente.

Delegar no es una forma de debilidad, y no significa que estés rehuyendo de las tareas que no deseas realizar. Cada vez que asignas tareas a tu equipo, significa que confías en ellos para hacer un buen trabajo, y que los consideras una parte importante de la organización.

Capítulo 4 – Aprende a Mantenerte Positivo

¿Alguna vez has estado en un equipo en el que el líder siempre se queja de que el mundo parece estar en contra de él? ¿Alguna vez has conocido a alguien que culpa a otras personas por cada desgracia, y jamás parece responsabilizarse por sus propios errores? Esa clase de personas no son aptas para liderar a otras, de hecho, ellos no deberían pertenecer a ningún equipo porque simplemente desalentarán a todos. A fin de ser un buen líder, alguien a quien las personas querrían seguir hasta el fin del mundo, debes tener una actitud positiva, incluso cuando las cosas se ponen difíciles.

Una actitud positiva puede ser de gran beneficio en un ambiente de oficina. Necesitas aprender a reírte de ti mismo cuando tus planes no resultan de la manera que esperabas. Tener un líder positivo crea un ambiente de trabajo feliz y saludable, incluso cuando la compañía está sufriendo financieramente. Si eres un líder, puedes hacer tu pequeña parte para promover el positivismo en el lugar de trabajo. Cosas como:

Pregunta a los miembros de tu equipo sobre sus planes para las vacaciones, e incluso sugerir algunas actividades que te resultan interesantes para que ellos las prueben.

Practica la actitud de la gratitud. Cada vez que alguien termina una tarea, muéstrale tu aprecio de cualquier manera que puedas.

Saluda a quien se te presente con una sonrisa y un cálido apretón de manos o un golpecito en el hombro. Gestos simples como estos, en especial si provienen de una persona a quien respetan, son suficientes para alentar a cualquier empleado.

Aprende a apreciar incluso los pequeños triunfos. Felicita a tu equipo por incluso el más pequeño éxito que hayan alcanzado hasta ahora. Por ejemplo, si tu equipo logra aumentar las ventas en un 1% o 2%, tómalo como algo muy importante y como algo que no hubiera sido posible sin su ayuda.

No seas el problema. Tu objetivo es la completa remoción de negatividad del lugar de trabajo, de modo que deberías evitar convertirte en su fuente. Intenta no quejarte de las cosas malas que hayan pasado que estuvieran fuera de tu control, y deberías siempre evitar participar del drama de la oficina.

Si piensas que tu lugar de trabajo se está volviendo tóxico, y está empezando a afectar el rendimiento de tu equipo, entonces necesitas volverte la fuente de la positividad. Si tu equipo nota que no estás siendo afectado por toda la negatividad a tu alrededor, eso calmará sus mentes y les permitirá trabajar sin ningún estrés en absoluto.

Capítulo 5 – Aprende a Ser Confiable

Tu equipo debería sentirse cómodo cada vez que acuden a ti con preguntas u otras preocupaciones. Necesitas demostrar integridad de modo que tu equipo respete y valore tu liderazgo, y para lograr eso, debes ser honesto y animar a tu equipo a hacer lo mismo.

Si no sabes cómo inspirar confianza en tu equipo, estos son algunos consejos que podrían ser de utilidad:

Demuestra que te apasiona tu trabajo – Si demuestra pasión por lo que haces, tu equipo te responderá. Ellos deberían ver que en realidad te agrada tu trabajo y que te preocupas por el bienestar de la compañía y el de los otros empleados. Una de las mejores maneras en que puedes demostrar tu pasión es usar la utilería que tu compañía ofrece, y ser muy activo en las actividades de redes sociales de la compañía.

Comparte lo que sabes - ¿Confiarías en un líder que tiene poco o ningún conocimiento sobre la industria? Si deseas ser un líder confiable, necesitas mostrarle a tu equipo que posees conocimiento técnico que se extiende más allá de lo que ellos poseen, o al menos deberías saber de lo que estás hablando. Los empleados tienden a respetar a los líderes que en verdad subieron la escalera corporativa en lugar de alguien seleccionado para la posición sin experiencia previa ni conocimiento.

Cumple con tu palabra – Puede que sea tentador para un líder como tú prometer cosas grandiosas a tu equipo a fin de subirles la moral, pero necesitas asegurarte de poder cumplir con tus promesas cuando sea el momento. Es casi imposible volver a obtener la confianza de tu equipo cuando fallas incluso una vez en cumplir con tus promesas.

Confía en tu equipo – Si deseas que tu equipo confíe en ti, deberías confiar en ellos también. Puedes demostrarle tu confianza a tu equipo al no despreciar sus decisiones y abrirte a cualquier sugerencia. Recuerda que tu principal objetivo de volverte un buen líder es ayudar a tu equipo a volverse la mejor versión posible de sí mismos; si tu equipo tiene éxito, sus logros se reflejarán también sobre ti.

Capítulo 6 – Aprende a Ser Más Creativo

Habrá veces en las que deberás pensar de formas no convencionales a fin de hallar soluciones creativas. No todo es blanco o negro, siempre habrá ocasiones en las que encontrarás problemas que no hayas visto antes, y para los cuales no tienes soluciones preparadas. Si eres el tipo de líder que no teme usar métodos no ortodoxos para resolver un problema, entonces no solo sorprenderás a tu equipo, también los inspirarás a pensar creativamente.

Si piensas que no eres el individuo más creativo de la compañía, no necesitas preocuparte ya que puedes entrenarte a ti mismo a pensar de forma no convencional. Estos son algunos consejos que puedes probar a fin de incrementar tu pensamiento creativo:

Colabora con tu equipo –Las sesiones de lluvias de ideas son geniales porque puedes utilizar los cerebros de otras personas para tener ideas nuevas y emocionantes. No seas el tipo de líder que cree que sus ideas son las mejores, ábrete más a los pensamientos de otras personas y podrías aprender algo nuevo.

No fuerces la creación de ideas creativas – La creatividad se presenta naturalmente cuando tu mente está vacía de pensamientos estresantes. Solo relájate y permite que tu mente divague; eventualmente se te ocurrirá una idea que puede funcionar.

No temas volver a empezar –A veces no puedes evitar arrinconarte a ti mismo, y ni siquiera puedes pensar en volver atrás por temor a perder el progreso que has logrado hasta ahora. Sin embargo, las cosas podrían resultar diferentes si volvieras a empezar e hicieras un par de cosas de forma diferente.

Pídele opinión a un tercero – Tal vez la razón por la cual no puedes pensar en una solución válida para tu problema es porque te encuentras demasiado inmerso en él; estás permitiendo que tus propios prejuicios interfieran con tu búsqueda de respuestas. Cuando llegues a eso, deberías pedir consejo a alguien de fuera de tu equipo. A veces, solo se requiere un par de ojos nuevos que vean las cosas desde una perspectiva diferente a fin de encontrar soluciones.

Haz una lista de las peores ideas que se te ocurran —Esto no significa que debas implementar las peores ideas que tengas, el desafío aquí es encontrar todos los puntos válidos en ellas. A pesar de que son las peores ideas que se te ocurrieron, tienen méritos en sí mismas que te hicieron considerarlas en primer lugar. Durante el curso de este ejercicio, podrías toparte con una solución que no hubieras considerado de otro modo.

Los líderes creativos no solo son divertidos, sino que también inspiran a su equipo a pensar de la misma manera, lo cual luego conduce a un sinfín de ideas no convencionales, que son perfectamente válidas. Deshazte de la idea de que solo hay un modo de hacer las cosas; siempre hay modos alternativos que simplemente aún no se te han ocurrido.

Capítulo 7 – Aprende a Dar Valoraciones

Un buen líder siempre debería buscar oportunidades de ofrecer valoraciones a su equipo con respecto a su rendimiento, ya sea bueno o malo. Algo que debes saber sobre esto es que hay una línea muy delgada entre ofrecer devoluciones y "micro-administrar". Las valoraciones constructivas ayudarán a tu equipo a mejorar y les permitirá tomar sus propias decisiones, en tanto que "micro-administrar" es más parecido a tratarlos como herramientas en lugar de personas.

Estos son algunos consejos sobre cómo ofrecer valoraciones que podrían ayudarlos a trabajar mejor:

Hazlo tan pronto como sea necesario –Si necesitas ofrecer una valoración a tu equipo, no esperes hasta la reunión semanal para informarlos acerca de su desempeño. Tu equipo sabrá de inmediato lo que necesitan hacer mejor y no tendrán que intentar adivinar constantemente.

Sé específico –Un simple "buen trabajo" podría parecer suficiente, pero si lo acompañas de una explicación exacta de lo que tu equipo hizo bien, eso será más beneficioso. Esto será útil al dar valoraciones negativas porque tu equipo sabrá lo que está haciendo mal y lo rectificarán tan pronto como puedan.

No seas quisquilloso – No ofrezcas una valoración solamente porque tu equipo no está haciendo las cosas del modo que tú normalmente lo harías, y permite que los errores pequeños e insignificantes pasen desapercibidos.

Relájate antes de ofrecer valoraciones – Hemos mencionado antes que debes ofrecer valoraciones tan pronto como sea necesario, pero no deberías hacerlo cuando tus emociones estén en un punto elevado. Si algo que tu equipo hizo produjo una respuesta emocional negativa dentro de ti, da un paso atrás y relájate antes de decir algo.

Enfócate más en lo positivo – Las valoraciones negativas continuas afectarán a tu equipo de un modo negativo. Si siempre encuentras defectos en todo lo que hacen, ellos pensarán que nada jamás es lo suficientemente bueno para ti y eso hará que estén menos motivados para trabajar, porque creerán que el resultado será el mismo. En lugar de ser quisquilloso, encuentra incluso el detalle más pequeño sobre el desempeño de tu equipo y felicítalos por ello.

Escucha le versión que tu equipo tiene de la historia –Luego de ofrecer una valoración negativa, pregúntale a tu equipo por qué creen que pasó eso. No eches la culpa a nadie de inmediato; escucha su versión de la historia antes de precipitarte a tomar conclusiones.

Pídele a tu equipo quetambién te evalúe a ti – Pedirle a tu equipo que te ofrezca valoraciones a ti conducirá a una relación más abierta. Hacer esto hará que tu equipo sienta que eres solo uno más de ellos, y que no piensas que estás por encima de ellos.

Ofrecer y recibir valoraciones es esencial porque te aseguras de informar a tu equipo acerca de lo que esperas de ellos, y tú a la vez aprendes las cosas en las que ellos pueden contar contigo. Un buen líder es alguien que sabe cómo ofrecer valoraciones y recibirlas de la misma manera.

Capítulo 8 – Aprende a Ser Más Responsable

Al ser un líder, eres el responsable por el éxito o el fracaso de tu equipo. Por esta razón, necesitas aprender a cargar con la responsabilidad cada vez que las cosas no marchen según el plan. No te verás bien en los ojos de tu equipo si evitas la responsabilidad constantemente, y siempre intentas pintar una buena imagen de ti mismo. En lugar de echar culpas, acepta la culpa de todo corazón y encárgate de la búsqueda de soluciones.

Otra manera en que puedes demostrarle a tu equipo que eres responsable es haciendo parte de las tareas del equipo. No puedes esperar que tu equipo trabaje arduo en sus propias tareas cuando tú mismo no estás trabajando arduo.

También deberías esforzarte por mejorar tus propias habilidades lo mejor que puedas. Necesitas aprender continuamente acerca de la industria de modo que puedas hacer mejor tu trabajo. Además, también deberías esforzarte por aprender nuevas habilidades que te ayuden a ti a tu equipo a cumplir con los objetivos.

Capítulo 9 – Aprende a Comprometerte

Un buen líder cumple con todo lo que accedió a realizar. Si tienes la tarea de alcanzar un objetivo particular antes de una fecha límite, necesitas estar dispuesto a trabajar tiempo extra. Cuando tu equipo ve que estás comprometido con tu trabajo, seguirán tu ejemplo. Además, cuando prometes una recompensa a tu equipo luego de alcanzar un objetivo, siempre debes cumplir con tu promesa. No puedes esperar que tu equipo se comprometa si ellos no ven que tú hagas lo mismo.

Uno de los más grandes beneficios de mostrar compromiso es que tu equipo responderá a tus acciones. Si ellos pueden confiar en que tú cumplirás con todo lo que has dicho, sin hacer preguntas, ellos mostrarán el mismo tipo de compromiso hacia ti. Puedes confiar en que tu equipo no se retractará de las cosas que te prometió; es como un círculo sin fin.

Capítulo 10 – Aprende a Adaptarte

Como dijo Charles Darwin, un famoso científico y biólogo inglés, "La especie que sobrevive no es la más fuerte, ni la más inteligente, sino la que mejor logra adaptarse a los cambios." En el mundo de hoy, nada es constante en ninguna industria. Siempre ocurrirán cosas inesperadas de vez en cuando. Tú, como líder, debes ser capaz de adaptarte de modo que puedas reaccionar al cambio cada vez que estas cosas inesperadas se te presenten. Tu equipo apreciará tu habilidad de saber qué hacer cada vez que se presenta un problema, en lugar de sentirte amedrentado y dejar que ellos lidien con el problema por su cuenta.

Aunque la adaptabilidad significa que debes aprender a ajustarte a ti mismo rápidamente tan pronto como surge la necesidad, no es algo que no puedas aprender. Estos son algunos consejos sobre cómo puedes entrenarte a ti mismo ya tu equipo a fin de volverse más adaptables, de un modo profesional:

Permite que todos jueguen bajo las mismas reglas —Sin importar que los miembros de tu equipo sean en su mayoría hombres, mujeres, casados, o solteros, todos, incluso tú, deberían apegarse al mismo conjunto de reglas y tambiénposeer la misma libertad. Por ejemplo, la mayoría de las compañías permiten que los empleados con hijos terminen su turno antes que los demás porque deben recoger a sus hijos de la escuela, pero el problema con este escenario es que se espera que los empleados solteros se queden hasta que el reloj marque las cinco o incluso hasta más tarde porque pueden permitírselo. Esta clase de beneficios no debería relegarse solo para una porción de tu equipo, habrá veces en las que un empleado sin hijos necesite terminar su turno más temprano de lo usual, y no deberías impedir que sean capaces de hacerlo.

Anima a tu equipo a participar de actividades fuera del trabajo —Es importante que animes a tu equipo a mantener un equilibrio saludable entre vida y trabajo. La mayoría de las veces, las personas realizan otras actividades para poder recargar sus energías para el trabajo, y tú como líder deberías animar este tipo de cosas. Si notas que uno de los miembros de tu equipo no la está pasando bien en el trabajo, pregúntale si algo anda mal, y si hay algo que puedas hacer para ayudar.

Dale a tu equipo tiempo para pensar – Sin importar si necesitas una contribución en el momento, deberías al menos permitir que los miembros de tu equipo reúnan sus pensamientos antes de poder contarte sobre ellos. ¿Has notado cómo a veces se te ocurren las mejores ideas en la ducha? Esto es básicamente lo mismo; permites que tu equipo tenga ideas por su cuenta sin presiones de parte de ti.

La adaptabilidad en el lugar de trabajo es uno de los rasgos más importantes que los líderes necesitan tener. Si un problema inesperado te ha tomado desprevenido, y tu cerebro se cierra, no solo estás dando una mala impresión, también estás arriesgando a las personas que trabajan para ti.

Conclusión

¡Gracias de nuevo por descargar este libro! Espero que este libro te haya ayudado a convertirte en la case de líder que siempre has querido ser. Ten en cuenta que tomará tiempo para que todas las lecciones presentadas aquí empiecen a asentarse, pero sigue practicando y eventualmente lo lograrás.

El siguiente paso es tomar lo que has aprendido de este libro y ponerlo en práctica de inmediato. No dudes en empezar a implementar los pasos para volverte un buen líder porque no hay un mejor momento que ahora.

¡Gracias y buena suerte!

Parte 2

Introducción

Deseo agradecerle y felicitarle por descargar el libro.

Este libro contiene los pasos probados y las estrategias acerca de cómo ser un líder efectivo.

Este libro le provee de 25 fáciles consejos acerca de cómo convertirse en un buen líder.Este libro es para líderes quienes quieren mejorar y crecer en la organización. Es también para aquellos que aspiran convertirse en futuros líderes. Usted aprenderá a desarrollar a futuros líderes como usted. Después de leer este libro, estará listo para convertirse en el mejor líder que puede ser.

Nuevamente gracias por descargar este libro, espero que lo disfrute!

Habilidad 1: Un buen comunicador, no solo un buen hablador

Usted no puede ser un buen líder si no cuenta con las habilidades de un buen comunicador, La clave para convertirse en un comunicador habilidoso va más allá de las lecciones que aprendió en la academia. Desde sus años iniciales en la escuela, le fue enseñado el uso de la enunciación apropiada, la gramática correcta, el vocabulario, la sintaxis y la entrega, entre otros temas. El enfoque siempre ha sido sobre como saldrá como comunicador.

Si observa a los líderes más influyentes del mundo, mientras hablan acerca de sus ideales, también hablan a sus pensamientos y emociones. Si su audiencia es movida y se le solicita prestar atención a lo que han escuchado de usted, entonces usted no solo habrá triunfado como comunicador, sino que también habrá entregado bien su mensaje.

Sea poderoso y prolífico

Un gran líder sabe cómo comunicarse prolífica y poderosamente. Se comunica con sus subordinados con frecuencia y en muchas formas diferentes.

Eche un vistazo a la definición de estas dospalabras distintas:

•Prolífico significa producir resultados constantes (o exitosos).

•Poder que significa la habilidad de hacer (o actuar) efectivamente.

Estos dos atributos son cruciales. Un buen líder usa sus palabras para generar resultados porque tiene una visión clara de hacia dónde quiere llevar a la organización.

Recuerde que las habilidades de la comunicación con la perspectiva estratégica necesaria pueden compararse a las de un presentador de noticias reportando sin un teleprompter. Una gran entrega es nada si el contenido es vacío.

Habilidad para impartir mensajes en los que cree

Un buen líder sabe que necesita interactuar con diferentes tipos de personas. Usted debe estar al tanto de que secomunica con la gente a su alrededor a través de su palabra hablada y sus acciones. Base sus mensajes en lo que usted cree. Sin embargo, usted pudiera también alinear sus palabras con sus acciones y sus creencias.

El mensaje no tiene nada que ver con el mensajero, todo se trata de cubrir las necesidades y expectativas de la audiencia al 100%. Así es como usted se convierte en un buen comunicador:

• Hable con sinceridad. Todo lo que usted diga debe venir del corazón. No endulce noticias desagradables y asuntos negativos, en su lugar, ofrezca soluciones viables.

• Sea personal. Sea atractivo. No importa si

tiene a 100 o solo a 10 personas en su audiencia. Usted debe llegar a ellas.

•Sea específico. Sea simple, conciso y claro. Usted no necesita utilizar palabras complicadas que otras personas pudieran no entender, solo para mostrar que usted tiene un vocabulario amplio.

•Enfóquese en el impacto de su mensaje. No solo piense en entregarlo, sino también en lo que va a entregar. Usted es exitoso cómo comunicador si puede inspirar a su gente.

•Haga a un lado su ego. En una discusión saludable con su personal, usted tiene que ser uno con ellos y hacerlos sentir cómodos.

Recuerde que un buen comunicador no solamente se enfoca en sí mismo, sino en cuan capaz es de transmitir su mensaje y su impacto sobre las personas que le escuchan.

Habilidad 2: No solo oye, El escucha

Cuando sus subordinados le dicen que ellos quieren que sus voces sean escuchadas, ellos no quieren que usted solo los "oiga". Ellos también quieren que usted realmente "escuche" lo que ellos tienen que decir. Un buen líder no solamente sabe cómo hablar y transmitir su mensaje, sino también sabe cómo realmente escuchar a sus subordinados.

Como líder, tenga en mente que los miembros de su grupo buscan más atención. La retroalimentación y el apoyo de usted como su superior, así que usted debe aprender cómo ser más consciente de sus necesidades como individuos y como grupo. Esto le ayudará a convertirse en un líder más efectivo e inspirador.

Si desarrolla esta habilidad, usted puede construir una relación de mayor confianza no solamente con la gente que trabaja con usted, sino también con todas aquellas personas en general con quienes se reúne. Este gesto también alimenta la transparencia y la lealtad de parte de sus subordinados.

Incluso, un líder que maneja menos de 20 personas, consigue difícil conocer lo que el grupo está pensando o si existe algún problema entre ellos o cómo ayudarlos a alcanzar metas. Usted solo puede hallar esta información si sabe cómo escucharlos. Una buena comunicación incluye escuchar lo que sus subordinados están diciendo a través de sus palabras y acciones.

Las habilidades de una buena escucha van más allá de darle a su grupo una atención completa porque usted también tiene que estar consciente de la expresión facial de cada individuo, el lenguaje corporal,los gestos, el estado de ánimo y las tendencias naturales de comportamiento.

Adicionalmente, no es solo hablar con ellos directamente, sino también observar cómo están cuando se encuentran en la oficina.

Problemas personales

Sus subordinados son humanos también, cada uno tiene sus propios problemas. Como empleador o líder, usted no tiene que conocer todo acerca de sus empleados, especialmente los asuntos personales, pero si estos asuntos comienzan a afectar su rendimiento en el trabajo, es el momento para que usted intervenga.

Usted no tiene que ofrecer una solución pero debe aprender a escuchar, empatizar y simpatizar, pero sin perder su autoridad sobre ellos. Usted debe crear el justo balance entre su deseo por que los subordinados hagan bien el trabajo y la compasión y atención a sus necesidades personales y profesionales.

Cómo escuchar efectivamente

•Muestre a sus subordinados que usted genuinamente cuida de ellos. Sus subordinados no son herramientas y recursos que su organización use para alcanzar el éxito. Ellos son el activo más valioso de su organización

•Aprenda a participar en los asuntos que son importantes para ellos. Cuando ellos expongan sus ideas, participe activamente, haga preguntas y realice seguimientos.

•Aprenda como empatizar. Como líder, usted experimenta estrés y presiones, pero también debe estar consciente que sus subordinados también lo sienten.

•Nunca juzgue. Reprímase de efectuar críticas mordaces, especialmente cuando sus subordinados aprendan a abrirse a expresar sus pensamientos.

Habilidad 3: Diga no a la micro gestión

Si usted es alguien que desea controlar todo, entonces hay una gran posibilidad de que usted realice una gran cantidad de micro gestiones cuando se convierta en un líder. Algunos líderes justifican esta acción porque no desean fracasar. Por lo tanto, tienden a mantener tareas sobre los hombros de sus subordinados en todo momento.

Un buen líder sabe cómo delegar y creer en los miembros de su grupo. Si durante el proceso de contratación se aseguró de obtener a las mejores personas, no tiene que realizar micro gestiones. Si usted sabe que tomó las decisiones correctas cuando estuvo en el proceso de contratar personal, todo lo que tiene que hacer es creer que cada miembro realizará adecuadamente las tareas que se esperan de ellos.

Usted no tiene que estar chequeando a su

personal constantemente, solo debe asegurarse que ellos están haciendo el trabajo.El problema debería haber sido atendido durante el proceso de contratación.

Si los errores y las fallas son inevitables, usted solo debe saber cómo y cuándo tener a la gente correcta para que pueda, por lo menos, minimizar los errores y las fallas, si no puede eliminarlos totalmente.

Habilidad 4: Lidera mediante el Ejemplo

En cualquier organización, siempre encontrará a un jefe que instruye a todos a permanecer hasta tarde para terminar un proyecto importante, pero abandona la oficina apenas son las 5:00pm para ir a jugar golf con sus amigos. También se encontrará a algún supervisor que reprime con frecuencia a su equipo para que no demoren mucho tiempo en Internet durante las horas de oficina, pero que es aficionado a las compras en línea mientras se encuentra de servicio.

Estas no son las cualidades de un buen líder. Si usted desea ser un líder efectivo, tendrá que honrar sus palabras. Usted tiene una responsabilidad con su equipo porque ellos acuden a usted por dirección y fortaleza. Estas cualidades son partedel trabajo.

¿Por qué es importante "Honrar sus palabras"?

Existe un antiguo adagio que distingue a los gerentes de los líderes y dice: "Los gerentes hacen las cosas bien. Los líderes hacen las cosas correctas" Actualmente es una gran oportunidad ser ambos un buen gerente y un líder.

Como líder, se encuentra en una posición perfecta para inspirar a la gente. Usted se convierte en un instrumento para impulsarlos a la grandeza. Cuando su personal lo hace bien, no solo beneficiará a la organización sino a cada individuo que trabaje en la compañía. Para lograr esto, usted debe mostrarles la ruta.

Un gran líder actúa y su grupo le sigue. ¿Recuerda a MahatmaGandhi?Pasó su vida adulta predicando y resistiendo la injusticia. Muchas personas siguieron sus pasos que condujeron a la independencia de la India.

La historia acerca de cómo General Electric se hizo exitosa a través de Jack Welch debería ser una inspiración para cualquiera aspirante a líder.Él elevó la compañía a grandes alturas, y fue quien acuñó la idea de una "organización sin límites".Cada individuo en la compañía era libre de intercambiar ideas. Cuando se mencionatodos, significa sin importar la posición, cada uno era alentado a plantear sus ideas, en vez de esperar que el personal de la alta gerencia las pensara primero. No discriminó y escuchó cada nueva idea incluyendo hasta las de los trabajadores de la línea más baja. Cada gerente en su compañía siguió su guía y gracias a eso, GE se convirtió en un gran éxito.

¿Cómo se relaciona esto con usted?Es simple, si usted se da por completo a su equipo y dirige la manera, ellos probablemente le seguirán a cualquier parte.

Recuerde que el buen liderazgo necesita

fortaleza de carácter y un compromiso firme para hacer lo correcto, en el momento indicado y por la razón apropiada, en cada oportunidad.

Habilidad 5: Sea Agradable

Una cosa es ser asertivo y autoritario, y otra cosa ser fuerte pero accesible. Un líder efectivo no es alguien a quien sus subordinados teman. Cuando dirige mediante el miedo, es difícil influenciar a las personas.

Se han ido los días en que un líder duro se sentaba cómodamente en su oficina y era apenas alcanzable. Si su personal sabe que pueden acudir a usted fácilmente cuando tienen un problema, una inquietud o hasta una sugerencia y saben que usted está dispuesto a escucharlos, entonces usted está haciendo bien su trabajo.

Recuerde que sin sus subordinados no podrá ser un líder. Una organización debería estar conformada por personas que reconozcan las contribuciones de cada quien en el logro de cada meta y esfuerzo.

Hay diferentes maneras de hacerse agradable. Acá hay cinco cualidades importantes que debería tener para ser un líder bueno y accesible:

•Como líder debe seguir siendo autoritario, pero aún debe mostrar empatía hacia su
personal.

•Tiene que ser tan puntual como sea posible, pero debe saber cómo doblar las reglas y
perdonar a las personas con excusas razonables.

•Tiene que estar orgulloso de lo que ha logrado, pero mantenerse humilde y no presumir
acerca de ello.

•   Cuando sea reconocido por su trabajo duro, también debe reconocer las contribuciones
de su equipo al éxito suyo y al de la organización.

•Tiene que ser generoso, y sin embargo

mostrar una gran cantidad de gratitud por todo.

Recuerde que como líder, debe entregarse, su tiempo, energía, conocimiento, motivación y sus propios puntos de vista. Una vez que muestre su aprecio por su personal, ellos se harán leales a usted y le ayudarán a alcanzar las metas de su organización.

Habilidad 6: Sea Firme y decisivo

Ser un líder decisivo involucra crear una cultura de confianza y resiliencia. Un líder firme es alguien quien siempre toma la decisión correcta, en el momento indicado, y por las razones correctas.

•Claridad de propósito. El propósito es una visión compartida dentro de la organización. Es un marco esencial para avanzar. Un buen líder permite a sus subordinados conocer el propósito de la compañía. Él se asegura de que cada empleado comprenda y acepte claramente el propósito principal de la compañía.

•Completamente comprometido. Es importante para un líder vivir los valores y el propósito de la organización, al mismo tiempo inspirando a otros a liderar mediante el ejemplo. Como líder, debe comenzar a partir de usted para que llegue a cada líder de equipo y a sus grupos individuales. Así es como los líderes de su equipo liderarán como usted, ya que encabezarán un equipo más pequeño.

•Transparencia. Es importante mantenerse abierto a sus subordinados. La integridad es una parte integral del buen liderazgo. La transparencia puede derribar todas las paredes y barreras existentes entre la gente. Por lo tanto, crea una relación de trabajo armoniosa. La transparencia minimiza las políticas usuales de oficina y previene la persecución de intereses personales, porque todos terminan trabajando en pos de una misma meta.

•Cree una cultura que permita los fracasos honestos. Una organización que promueve una cultura de liderazgo decisivo, permite a sus líderes tomar decisiones sin el temor de fallar y de retribuir. Es una cultura donde las "fallas honestas" son oportunidades para aprender y mejorar. Cada proceso de toma de decisión servirá como una forma de aprendizaje, bien sea que haya triunfado o que haya fracasado. Es así como una organización se hace más fuerte y más resiliente.

Las fallas deben inspirar a cada líder para que se levante e intente nuevamente. Si una organización no permite estos errores honestos (o fallas) desarrollará una cultura de miedo. Esto conllevará a sus subordinados a sentir temor a actuar y/o decidir por miedo a cometer acciones o tomar decisiones erróneas.

Habilidad 7: Resiliente

Como líder, alcanzar el éxito involucra enfrentar retos y dificultades. Usted no logrará el éxito sin ellos. Un líder exitoso es resiliente. Cada uno, en algún momento tendrá que encarar tiempos difíciles y sobreponerse a ellos le hará que la victoria sea más dulce.

La resiliencia es su habilidad para recuperarse rápidamente de cualquier dificultad. Nadie está exento de problemas y adversidades, incluso los mejores líderes no son inmunes a esto. La marca de un verdadero líder radica en cómo puede enfrentar los retos e influenciar a sus subordinados para que sean tan resilientes como él.

•El miedo al fracaso, el rechazo y la traición son tres temores comunes con los que lucha un líder y que afectan sus estilos de liderazgo. El miedo al fracaso resulta en micro gestión y lucha por la perfección en todo momento. El temor al rechazo hace que un líder evite conflictos a cualquier costo. Esto puede hacer que se preocupe por demás por como los otros lo perciben. El miedo a la traición hace que un líder sea un fanático del control y se vuelva demasiado confiado.

•Para ser resiliente, debe eliminar estos temores y mostrarse. Puede que se avecine una dificultad pero aun así debe mostrarse y aceptarla.

•Cuando aprende a aceptar y entender, tiene que enfrentarse a los hechos sin importar cuán brutales o severos puedan ser. Un líder resiliente siempre es optimista frente a los problemas

•Si es un líder resiliente, tiene un alto grado de autoconciencia. Este es el tipo de conciencia que le permite conocer sus temores pero también le ayuda a manejar esos temores.

Habilidad 8: Sed por el conocimiento

Usted puede ser la persona más inspiradora del planeta pero si carece del departamento del conocimiento, corre el riesgo de perder su credibilidad. Por supuesto, poder inspirar y motivar a las personas es importante pero sus subordinados también acudirán a usted para obtener su orientación.

La vida en general es un proceso de aprendizaje. El aprendizaje no se detiene después de la escuela. Continuar leyendo, estudiando y aprendiendo. Tenga en cuenta que un "liderazgo basado en el conocimiento" lo llevará a convertirse en un líder eficaz. Hay dos cosas importantes que recordar si desea permanecer en la cima en los próximos años, la cruzada del conocimiento y la compañía de los amigos que mantiene

Habilidad 9: Fuerte carisma

Piense acerca de MartinLutherKingJunior o JohnF.Kennedy. Estos son solo dos de los líderes más carismáticos de quienes se sabe no solamente en los Estados Unidos sino alrededor del mundo.

Por definición, el carisma es un "atractivo irresistible que puede inspirar la devoción en los demás" Si busca en Internet como convertirse en un líder carismático, encontrará una gran cantidad de recursos. Este consejo que le doy en este libro es simple, para convertirse en un líder carismático tiene que ser más "juguetón". Ser juguetón no significa necesariamente un juego de niños. Una dosis de diversión en cualquier circunstancia hará que le agrade más a la gente.

Uno de los líderes más influyentes de los tiempos modernos es el actual Papa de la Iglesia Católica. Usted debe haber escuchado acerca de las muchas anécdotas del Papa de quienes han experimentado estar en contacto cercano con él.

Tenga en cuenta que los líderes más carismáticos pueden pasar de ser sombríos a tontos y volver a ser nuevamente sombríos. Después de todo, esto solo prueba que son seres humanos reales. La alegría le permite volverse espontáneo al conectar con otras personas. Si usted es el líder de una gran empresa multinacional o de un grupo de 10 personas, siempre es importante mostrar su otro lado. Esto le hará ser más querido por sus subordinados.

Aprenda a relajarse y simplemente sea usted mismo sin perder su naturaleza autoritaria. Haga su trabajo seriamente pero recuerde no tomarse asimismo demasiado en serio.

Habilidad 10: Sepa cuáles y qué preguntas realizar

Es un hecho que hay una línea delgada que lo separa de sus subordinados. Mantenga esa distancia segura de superioridad, pero asegúrese de dejar suficiente espacio para que puedan llegar hasta usted.

Hablar con ellos es una, hacerles sentir relajados o cómodos cuando hablan con usted es otra. La comunicación constante es una parte integral de una sana relación jefe subordinado.

Más que hablar con ellos y contarle sobre sus planes o las metas que desea que logren, también es importante hacer las preguntas correctas. Nunca sabrá realmente lo que verdaderamente sienten si no les pregunta, por lo tanto, hacer que se sientan cómodos al hablar con usted es importante. Así es como se abrirán a usted, sabiendo que no los juzgará ni lo tomará en su contra por expresar una opinión contraria a la que usted cree.

Es también una buena práctica pedirles sugerencias y retroalimentación. Así es como puede hacer ajustes para mejorar a todos en el grupo y también a la empresa.

Habilidad 11: Sea flexible

Aun si solo maneja un grupo pequeño, debe tener en cuenta que cada persona en su equipo tiene su propia personalidad, no hay dos personas iguales. Lo que funciona para uno puede no funcionar para el otro. Asegúrese de ser flexible en la forma como los trata.

Como líder, tiene que ajustarse para sacar lo mejor de todos. Algunas personas necesitan un poco más de mentoría y guía que otras. Algunos necesitarán poca supervisión.Sin embargo es importante no hacer que alguno se sienta superior o inferior. Todavía es su responsabilidad mostrar a sus subordinados que no está jugando a favoritismos y que no está discriminando a nadie.

Puede también ejercer flexibilidad en las políticas y regulaciones cuando surja la necesidad. A veces está bien doblar las reglas, pero aún debe asegurarse que entiendan que este no siempre será el caso. Solo debe dejarles saber que usted entiende cada circunstancia individual.

Habilidad 12: Capacidad para crear confianza

Sin confianza, usted no puede esperar que nada funcione como usted quiere. En cualquier clase de relación sea romántica, familiar, social y profesional, la confianza es un factor integral.

Como líder, es así como puede ganar la confianza de la gente con quienes trabaja:

•**Muestre que usted es apasionado por su trabajo**. Sus subordinados deberían ser capaces de ver su verdadera pasión por su trabajo. Así es como los motivará a ser apasionados también.

•**Aprenda a compartir lo que sabe**. Cuando es conocedor de la industria en la que se encuentra o el producto o servicio que ofrece, usted está seguro de ganar la credibilidad de su equipo, sabiendo exactamente de lo que está hablando. Teniendo esta confianza en lo que sabe, no vacilarán en pedir su ayuda o hacer preguntas.

Si saben que usted es conocedor y dispuesto a compartir con ellos lo que sabe, ellos estarán más dispuestos a escucharle porque saben que usted está hablando con autoridad.

•**La honestidad es importante**. La honestidad es una parte integral en la construcción de la confianza entre los miembros de su equipo. Cuando usted les dice o hace algo, es mejor que honre cada palabra. Esta es la manera más rápida de ganar su confianza. Asegúrese de no hacer promesas que sean difícil para usted cumplir. Reconozca sus errores. Reprímase de culpar a cualquiera y asuma sus errores. Definitivamente ganará el respeto de su equipo al hacer esto.

•**Sepa cómo decir "Gracias" y " Lo siento"**. Como líder, usted debe saber cómo apreciar el trabajo duro de su equipo. Usted también debe estar dispuesto a asumir sus errores. Usted es su líder de equipo, así que las fallas del equipo reflejan su habilidad para liderar. Reconozcay discúlpese. Así es como usted se gana su credibilidad.

También es imperativo evitar llevarse todo el crédito si el equipo entero lo hace bien. Reconozca todos los esfuerzos realizados por todos los miembros de su equipo. Mostrarles que les aprecia les motivará a continuar haciendo las cosas de la manera correcta.

•**Realice un esfuerzo por conocer a su equipo a nivel personal**. Esto lo hará más "humano" para su equipo. No solo hable con ellos en reuniones o en sesiones de coaching individual. Asegúrese de desviarse de su ruta habitual e involúcrese en pequeñas conversaciones. Puede también agendar un café con ellos un viernes. No lo hace menos líder hacia ellos si comparte algo de tiempo de calidad fuera del trabajo.

•Ellos deben ver a través suyo. Una de las formas más poderosas de ganar la confianza de su equipo es la transparencia. Sea que el negocio vaya bien o no, usted debe comunicar cosas importantes sobre el mismo a sus subordinados y explicarles lo que está ocurriendo realmente. Haciendo esto, pueden trabajar como uno. En tiempos difíciles, puede solicitarles soluciones que no ha sido capaz de plantear debido a que piensa demasiado acerca del problema. Es bueno recibir sugerencias de quienes están actualmente haciendo el trabajo para usted.

En los momentos durante los cuales el negocio vaya bien, debe también compartir las buenas noticias con ellos. Esto les servirá de motivación para continuar ofreciendo un trabajo ejemplar para el éxito y crecimiento del negocio.

•Comparta la meta a largo plazo con su equipo. Esto demostrará su transparencia y apertura con su equipo, pero es importante enfatizarlo. Usted gana confianza comunicándole a su equipo la visión, metas y estrategia para el crecimiento del negocio para que conozcan hacia donde quiere llevar a la compañía. Es importante compartir con ellos la pasión para que cada uno este alineado y listo para trabajar en pos de una visión común.

Habilidad 13: Sea Compasivo

Requiere carácter ser compasivo. Usted puede ser firme y aún mostrar amabilidad y compasión hacia su equipo. Debe mostrarles que usted es uno con ellos al celebrar los triunfos y al encarar las fallas. Algunos líderes hablan sin medir sus palabras.

Si realmente cuida de su equipo, entonces debe ser flexible y compasivo al implementar políticas y programas. Es también importante permitirles tener espacio para su crecimiento y asegurarles que haya un equilibrio correcto entre el trabajo y su vida personal.

Si demuestra que se preocupa por ellos, ellos le mostrarán lo mismo.

Habilidad 14: SabeCómo Comunicar el Cambio

Debe considerar 8 aspectos importantes cuando desee realizar cambios en la organización.

1. **No hay una forma ideal de comunicar el cambio**. Es un hecho conocido que el cambio incomoda a la gente. No hay una forma perfecta de comunicarlo pero de todas maneras debe hacerlo. Lo mejor que puede hacer es reunir información externa, tomar sus perspectivas e incorporar enfoques que no sean difíciles de aceptar por su equipo.

2. **Comience por usted mismo determinando los cambios que desea realizar y las razones específicas del porqué**. Una vez que llegue a la raíz del porqué desea hacer los cambios, será más fácil comunicárselo a sus subordinados.

3. **Establezca que resultados desea**. Asegúrese de conocer cuál es la intención

del llamado a la acción para el programa, así como también la estrategia comunicacional que desea usar. También debe haber un cambio paralelo en las funciones operacionales porque se convertiránen el marco para los resultados que usted espera alcanzar.

4. **Involucre a un estratega de la comunicación a sus discusiones**. Su abogado corporativo puede ayudarle a presentar los cambios sin requerir una recepción desfavorable de parte de su equipo.

5. **Comparta información importante con su equipo**. Es importante dejar saber al equipo acerca de los posibles cambios inmediatamente, en vez de dejar que los rumores les lleguen primero. Esto crearía pánico y conclusiones infundadas, así que es mejor que provengan de usted directamente.

6. **Dele tiempo**. Tenga en cuenta que no puede esperar que los cambios ocurran de

la noche a la mañana. No espere los resultados deseados de una vez.

7. **Explore varias vías de comunicación**. Hable personalmente con ellos, comunicar los cambios vía correo electrónico, o a través de un memo general. Puede usar diferentes vías de manera moderada. Es importante que cada detallesea claro para facilitar su comprensión.

8. **Dele a su equipo la oportunidad de hacer preguntas, comparta sus inquietudes, y ofrezca ideas valiosas acerca de los posibles cambios y mejoras en la organización**. Mientras más involucre a una mayor cantidad de personas en el proceso, será más fácil comunicar los cambios, y menos "rechazarán" los cambios.

Habilidad 15: Excelentes habilidades para la toma de decisión

Para convertirse en un líder efectivo, implementar las siguientes estrategias de toma de decisión puede ayudar:

•**Comando**. Tomar decisiones sin consultar al equipo. Es un estilo bueno y efectivo si las cosas se muevenmuy rápidamente y la gente busca una dirección inmediata.

•**Colaborativo**. Reúna a su gente y pídales retroalimentación y opiniones. Usted tendrá que tomar la decisión final pero seguir este estilo le permite tomar una decisión mejor informada.

•**Consenso**. Permita que todos voten durante cualquier proceso de toma de decisión. La mayoría debe mandar. Esta es una buena estrategiasi los cambios afectarán no solo a un equipo o a un individuo sino a toda la organización.

•**Conveniencia**. Cuando este rodeado de compañeros de confianza, su mejor opción será evitar tomar ciertas decisiones por su cuenta. Delegar es una buena movida por que puede medir las habilidades de toma de decisión de su personal. Puede también aumentar la confianza de sus subordinados cuando les corresponda tomar sus propias decisiones.

Habilidad 16: Excelentes Habilidades Para la Resolución de Problemas

Cuatro maneras de resolver situaciones y problemas:

1. **Transparencia**. Usted necesita ser transparente cuando se comunica con todo el personal involucrado. La clave para resolver un conflicto como líder es facilitar un dialogo abierto entre los involucrados. La discusión debe llevarse a cabo en un ambiente seguro donde todos puedan plantear sus argumentos y sugerencias o soluciones.

2. **Derribe las paredes**. La transparencia en la comunicación debe incluir también derribar los límites para que todos puedan trabajar como uno.

3. **Sea de mente abierta**. Necesita exhibir una mente abierta. Su personal debe abrirsetambién. Las sugerencias pueden discutirse hasta que pueda encontrar una

solución que sea aceptable a todos los involucrados.

4. Cree una estrategia fundacional sólida. Necesitará plantear una estrategia fuerte. La mejor manera de resolver cualquier problema es enfocarse en las posibles soluciones en vez de en los problemasmismos. Un buen líder no se ve amenazado cuando su grupo ofrece posibles maneras de resolver un problema porque esto proporciona un lugar donde todos pueden trabajar de la mano.

Habilidad 17: Buenas habilidades para las redes

Para sobrevivir en cualquier industria que usted seleccione, necesita contar con una red fuerte. Debe constantemente construir relaciones porque usted nunca sabrá quién puede darle una oportunidad o compartir su conocimiento y aprendizaje.

Habilidad 18: Ayuda al equipo a superar sus debilidades

Un líder exitoso es alguien que puede motivar a un subordinado, especialmente durante las circunstancias más difíciles para la organización. Ellos pueden cometer errores durante el proceso, pero la mejor manera de manejarlos, es señalarlos y ofrecerles maneras de mejorar. Es importante explicarles lo que hicieron y el impacto en la organización. Permita que estos errores sean un proceso de aprendizaje.

Habilidad 19: Acepta el hecho de que no puede responder todo

Una parte de ser transparente y honesto con sus subordinados es reconocer que no debe saberlo todo. Absténgase de pretender tener todas las respuestas, en su lugar tome esto como una oportunidad para fomentar una sesión de resolución de problemas que valga la pena y que involucre a todo el equipo. Es posible que no siempre tenga todas las respuestas pero debe asegurarse de luchar constantemente por el aprendizaje continuo.

Habilidad 20: No impone el miedo

Nunca puede influir con éxito en su gente si la única razón por la que le obedecen es porque le temen. Un buen líder trabaja codo a codo con sus subordinados en lugar de mirar desde el margen gritando para que el equipo haga las cosas.

Habilidad 21: Sabe Cómo Animar a Otros a Apoyar Sus Ideas

Es un desafío lograr que las personas sigan y apoyen sus ideas. Algunas veces, su gente simplemente estará de acuerdo (aunque no lo esté) por miedo. Si es sincero, tenga claro lo que quiere y cómo lograr los objetivos y sea honesto con su grupo,no hay forma de que no lo apoyen.

Habilidad 22: HableCuando Nadie PuedaEncontrar Su Propia Voz

Usted y su equipo pueden ser parte de una gran organización.Si hay peligros o desafíos inminentes y nadie tiene el coraje de hablar ante los superiores, usted tiene que ser su voz.Su equipo lo amará más por esto.

Habilidad 23:Se Maneja Bien

Si quiere ser un buen líder, debe saber cómo manejarse.Tiene que reconocer lo que le estresa o le energiza.Mientras más se entienda asimismo y a sus emociones, mejor será para usted manejara su gente.Ningún subordinado quiere trabajar para un jefe que esté constantemente estresado.

Habilidad 24:Hace Los Comentarios Personalmente

Su grupo necesita saber si están sobresaliendo (o no) en el trabajo.Necesitan una retroalimentación constante para saber cómo mejorar y que deben continuar haciendo.Algunos gerentes no brindan retroalimentación adecuada (buena o mala) a sus subordinados.

Todosdesean una palmada en el hombro por un trabajo bien hecho. Sea generoso con sus comentarios y dígales lo bueno que son si se lo merecen.Tenga en cuenta que las buenas palabras y el reconocimiento son excelentes motivadores.

Por lo tanto, también es importante no escatimar palabras cuando no estén haciéndolo bien.Deben ser conscientes de las cosas que están haciendo mal para que puedan mejorar.

Un buen mecanismo de retroalimentación es hablar uno a uno con un subordinado.Una vez que les dé una mala retroalimentación, es importante proporcionarles información acerca de lo que están haciendo bien.No recurra a hablar con ellos sólo cuando cometan errores.Esto no es alentador y podría disminuirlos aún más en lugar de contraatacar y mejorar.

Habilidad 25:Desarrolla a Futuros Líderes

Un líder confiable y bueno no se siente amenazado cuando hay personas en el grupo que muestran cualidades de liderazgo. En lugar de resentirse asegúrese de apoyar a estas personas, ellos serán sus futuros líderes.Están aprendiendo de los mejores por lo cual es inevitable que exhiban cualidades de liderazgo.

Anímelos a seguir aprendiendo para mejorar.A medida que la organización crezca, necesitará más líderes y no hay nada más dulce que crear líderes de su propio equipo.

Conclusión

¡Gracias de nuevo por descargar este libro! Espero que este libro haya podido ayudarle a convertirse en el líder que quiere ser.

El siguiente paso es poner en práctica las cosas que ha aprendido y compartir el conocimiento con sus compañeros y subordinados.
¡Gracias y buena suerte!

www.ingramcontent.com/pod-product-compliance
Lightning Source LLC
Chambersburg PA
CBHW071240020426
42333CB00015B/1551